JN002489

グルメな夫と料理ができないオヨメサンの愉快な暮らし

タナハシトシエ

三学出版

インドネシアのジャワ島中部の古都ソロ（正式名スラカルタ）を何度も訪れるうちに
縁あって（ジャワでは jodoh と言うらしい）グルメなジャワ人と結婚した。
グルメな夫 Edy は 1992 年に来日し、
私たちは 2001 年に滋賀県大津市へ引っ越した。
グルメな夫（インドネシア人）と料理ができないオヨメサン（日本人）が
一緒に暮らすと、愉快なカルチャーショックとトホホな現実が・・・。

ソロのお家の庭の果樹を見上げるオヨメサン

目　次

1　グルメな夫は料理の天才　2020.4.26.

2　日本のロンボッ（唐辛子）は奇跡の食べ物 2016.12.28.

3　グルメな夫の大好物はもろこ（淡水魚）のつくだ煮　2018.1.21.

4　グルメな夫、野菜包丁で小松菜を切る　2018.7.1.

5　グルメな夫のオヨメサン、インドネシアのえびせんを乾かす　2018.7.15.

　　インドネシアの食事に添えられるせんべい

6　暑い日はトマトを・・・　2018.7.28.

7　出っ歯のチャキル（ジャワ舞踊にでてくる鬼）のじゃがいも　2018.11.16.

8　ジャワ式とげの取り方 2019.4.8.

9　グルメな夫の大みそか買物戦争 2019.12.31.

10　インドネシアの新型コロナウィルス対策　2020.3.16.

11　パンデミックで途絶えたグルメな夫の心の支え　2020.4.10.

12　ラジオできいたマンゴの切り方が日本的すぎた　2020.4.20

13　グルメな夫、ニンニクのうんちくを語る　2020.4.26.

14　かぼちゃの微妙な味の違い　2020.6.21.

15　グルメな夫が裁縫をできるわけ　2020.6.27.

16　味付けのコピペ　2020.7.1.

17　グルメな夫はいちいち料理を温める　2020.9.6.

18　料理ができないオヨメサンの料理とは・・・　2020.11.23.

19　ご飯はいくらでも食べられるグルメな夫とお餅ならいくらでも食べられるオヨメサン　2021.1.16.

20　グルメな夫がつくった人生初の稲荷寿司が大きすぎたわけ　2021.2.28.

21　グルメな夫のオヨメサンのインドネシア風サラダ　2021.3.24..

22　グルメな夫のオヨメサン、チリソースをかけまくる　2021.4.10.

23　何でもひと手間かけるグルメな夫の矜持　2021.4.11.

24　グルメな夫、新しいオモチャでパスタをつくる　2021.4.12.

25　グルメな夫はキッチンにあるすべてのものを覚えている　2021.5.9.

26　美味しく感じるためにグルメな夫がすること　2021.5.9.

27　グルメな夫がグルメでなくなるとき　2021.5.26.

28　もやし料理を研究するグルメな夫　2021.6.12.

29　グルメな夫がつくるトマトジュースが美味しすぎる　2021.6.25.　インドネシアのジュース

30　グルメな夫が料理できないときのサバイバルの食卓　2021.7.21.

31　グルメのためのお土産はなぜグルメのおもちゃにならなかったのか？2021.7.21.

　　インドネシアの卵焼き　　インドネシアの夜食マルタバッ（包み卵焼き）

32　下ごしらえは常識と思っているグルメな夫　2021.7.21.

33 グルメな夫の昭和な料理   2021.9.5.

34 グルメな夫に出す究極のブータン料理エマダツィ   2021.10.7.

35 グルメな夫の柿ヨーグルト   2021.11.26.

36 私の料理は私のもの、グルメな夫の料理も私のもの   2021.12.5.

37 ストレスがあると料理をやりだすグルメな夫   2021.12.5. 豆腐とテンペの甘辛煮込み

38 グルメな夫は干柿を愛す   2022.1.4.

39 グルメな夫、餅を焼く   2022.1.5.

40 グルメな夫、ブラックタイガーを救う   2022.1.7.

41 グルメな夫とオヨメサンが大根を買うわけ   2022.1.21.

42 グルメな夫の盛り付け   2022.2.2. インドネシアの家庭料理　オラッアレッ

43 グルメな夫、まな板を買う   2022.2.23.

44 グルメな夫のオヨメサン、魚を解凍する   2022.2.28.

45 グルメな夫、クミンに踊らず   2022.4.13. ゴアのグリーンチャツネ

46 グルメな夫、富山の鯛のかまぼこを食す   2022.4.15.

47 グルメな夫のスパゲティ・チャンプール   2022.4.22.

48 グルメな夫、心配で料理しまくる   2022.6.10.

49 グルメな夫、ご飯は自分で炊く   2022.6.16.

50 グルメな夫、納豆がなくてテンペを料理する   2022.6.24.

51 グルメな夫は生姜ドリンクで夏バテ解消   2022.7.8.

52 まな板再生   2022.7.8.

53 グルメな夫、日本の雨季に絶望する   2022.7.28.

54 グルメな夫が多忙なわけ   2022.8.5.

55 冷凍のかぼちゃコロッケをそのまま食べるグルメな夫のオヨメサン   2022.9.5.

56 グルメな夫のサバ缶カレー   2022.9.19.

57 古いトースターを使いこなすグルメな夫 2022.9.23.

58 忙しいオヨメサンに食事をあてがうグルメな夫   2022.11.23.

59 グルメな夫はグルメな雑誌を選ぶ   2022.12.13.

60 グルメな夫のオヨメサンは結婚記念日を忘れていた   2016.7.31.

表紙：ソロの食堂で食べる
てんてこ盛りの食事

ソロの東にある有名な観光地で
野菜果物の産地タワンマングー
Tawangmangu

1　グルメな夫は料理の天才　2020.4.26.

道の駅でおいしそうなパクチーが市価の半額くらいで売られていた。大好きなので
ホイホイ買ったが、料理ができないオヨメサンにできるのは、インスタントのフォー
（米麺のベトナム料理）に入れることくらい。なめこや豆腐といった日本の食材でパ
クチーを使った新たな料理ができるとは、グルメな夫はなんと天才的なのだろう。

料理ができないオヨメサンがフォーにパクチーを入れるときは、麺が見えないくら
いパクチーがてんこ盛り。だって、パクチー大好きだから。グルメな夫に言わせると、
彼女がつくるあらゆる料理が同じようにバランス無視になっているという。バラン
スが大事、と言うシェフのそばにさえいればバランスがとれるなら、とっくに料理
名人のはず・・・なんですがね・・・。トホホ・・・。

2 日本のロンボッ（唐辛子）は奇跡の食べ物 2016.12.28.

グルメな夫は辛い食べ物が苦手である。6人兄弟で3人は激辛が好みで3人はダメ
だ。インドネシア人だからといってみんなが激辛を食べるわけではないのだ。しかし、
赤唐辛子や青唐辛子はインドネシア料理に欠かせない。そこで、グルメな夫は同じ
唐辛子の仲間でも辛くないピーマン、ししとう、万願寺唐辛子を使う。

3 グルメな夫の大好物はもろこ（淡水魚）のつくだ煮　2018.1.21.

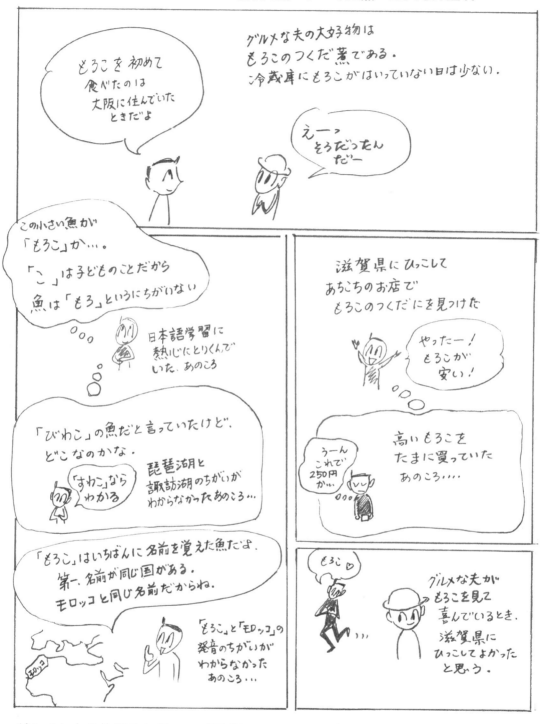

グルメな夫の故郷の古都ソロ（正式にはスラカルタ）は内陸にあり、新鮮な海の魚は手に入りづらい。彼が好んで食べていたのは小魚のつくだ煮である。来日して大阪で暮らしたが、商店街でもろこのつくだ煮を買ってはノスタルジアにひたっていたらしい。滋賀県に引っ越すと、琵琶湖で取れる多種多様な魚がつくだ煮にして売られていることに欣喜雀躍した。よかったね〜。

4 グルメな夫、野菜包丁で小松菜を切る　2018.7.1.

グルメな夫とオヨメサンがキッチンで使う道具はあべこべである。

包丁は、グルメな夫が小さなナイフ、オヨメサンが大きな野菜包丁。インドネシアの台所にあるのは小さなナイフで、大きな包丁は肉屋さんなどのプロが使う。だから、オヨメサンが大きな包丁を使うのを見て、グルメな夫は日本に来た当初、肝をつぶしたらしい。食器を洗うたわしは、グルメな夫がミニスポンジたわし、オヨメサンが大きなアクリルたわし。キッチンバサミも、グルメな夫はミニはさみ、オヨメサンは大きなキッチンシーザー。グルメな夫いわく、「小さいほうが細かいところまでとどくから。」

グルメな夫とオヨメサンが野菜の切り方まで逆なのは新たな驚きだが、そういえば、果物の皮をむくとき、ナイフの使い方は日本とインドネシアでは逆だ。日本では手前に引くが、インドネシアでは逆向きに押す。

だから、野菜の切り方が反対だというのもありうるかもね。

平成30年7月豪雨災害がおこったころ、連日の激しい雨で湿ってしまったえびせん（クルプッ・ウダン kerupuk udang）を乾かそうと悪戦苦闘。今は笑い話。

インドネシアの食事に添えられるせんべい

インドネシアの町の食堂では、たいていテーブルの上にせんべいが置いてあり、客は食べたいせんべいを取って食べる。インドネシアに行き始めたころは、まるでおかずのように、ご飯の上にせんべいをのせて食べる様子に仰天したものである。

ラーメン状のせんべいがいちばん安くて人気。どこのお店にもある。

いちばん美味しいのは、海老がしっかり入っている高級えびせん（クルプッ・ウダン Kerupuk udang）。実際は安物のえびせんがおいてあることの方が多い。

湿気らないよう１枚ずつビニール袋に入れられている。

支払いは食後に自己申告。インドネシアは平和だと感じる理由のひとつだ。

インドネシア料理によく添えられているえびせんは、通常乾燥した状態で売られていて、揚げる前は分厚くてどっしりと重く、油で揚げると２倍以上にふくれあがって大きいものは皿を半分おおいかくすほど大きくなる。

揚げる時、放っておくとクルクル丸まってねじれてしまうので、竹ヘラなどで押さえつけながら揚げて、できるだけ平らにしなければならない。油の温度が低すぎるとうまく揚がらず、高すぎると焦げてしまう。

気難しいせんべいである。

おかずのように焼き飯に添えられたえびせん

6 暑い日はトマトを・・・ 2018.7.28.

夏の暑い日だった。トマトの食べ方があまりにも違っていてガクゼーンとしてしまった。グルメを自称する夫は、「複雑」を追求しているとかで、とかく細かい。
いや、トマトに限ったことではない。グルメな夫のこだわりは、料理に関するあらゆることの繊細さに現れている。材料によっては細かく、あるいは大きく切ることにこだわる。下ごしらえにこだわる。そして何より、味付けをするときの細かさ！まず、様々な調味料を少しずつ容器に入れ、慎重にブレンドする。それから、煮たり炒めたりしている食材の上に少しずつ、渦を書くように注いでいく。味見を繰り返しながら、足りないものを足す。さらに、味がしみこむまで待つ。
ハァ〜。こんなのムリ！出来合いの調味料を一気にざっとぶち込んで即終了でいいじゃな〜い。繊細なことなんて永遠にできそうにないわ〜。

7 出っ歯のチャキル（ジャワ舞踊にでてくる鬼）のじゃがいも 2018.11.16.

歯が丈夫でめったに歯科医にかかったことのないグルメな夫は、ちょっとした治療でもたいそう痛いらしい。チャキル (Cakil) になったような気がする、という感想はジャワ人にしか出てこないだろう。チャキルは、ジャワの物語劇の中に出てくる鬼のキャラクターだ。たいていは悪役の家来で、戦いの場面で殺されるかわいそうな役。出っ歯でカワイイ、個人的には大好きなキャラ。舞踊では操り人形のようなコミカルで独特の動きで、見飽きない。グルメな夫が育ったソロ（正式名スラカルタ）の街には舞踊劇を毎晩上演する劇場があり、彼は幼い時よくそれを劇場の外からのぞいていたのだという。

8 ジャワ式とげの取り方 2019.4.8.

インドネシアはスパイスの国。スパイスには意外な効能がある。
赤ニンニク (バワンメラー bawang merah) でとげがとれるとは！赤ニンニクをす
りおろすとたっぷり汁が出るからだろう。偉大なり、赤ニンニク！
丁子 / クローブ（チュンケー cenkeh）は防虫剤になる。お茶パックに包んで、ジャ
ワのろうけつ染め (バティック batik) をしまっているタンスの引き出しに入れてい
る。

問題は、日本ではスパイスが手に入りにくいということだ。生のスパイスともなれ
ばなおさらである。赤ニンニクはまだ手に入る方だ。買えるときに買って皮をむき、
冷凍庫で保存する。

おばさまたちの中に外国人の男が1人。戦闘モードだったらしい。
翌日のお正月、グルメな夫は「戦後」休養日であった。

10　インドネシアの新型コロナウィルス対策　2020.3.16.

アンタギン (Antangin、他にトラアギン Tolakangin というのもある) はインドネシアの風邪予防の薬草薬。たっぷり蜂蜜がはいっているとはいえ、インドネシアの漢方薬といったところだ。グルメな夫は大学でインドネシア語を教えていて、語学研修の学生たちといっしょにジョクジャカルタ（ジャワ島の古都）に行った。インドネシアで新型コロナウィルスの感染者が出るや、学生たちは皆、ホームステイのホストペアレントからアンタギンを飲まされたという。グルメな夫はアンタギンをたくさん買い込んで帰国した。薬草薬が大好きなオヨメサンは大喜び。

新型コロナウィルスが居座る間アンタギンを飲み続けようにも、アンタギンを買いにインドネシアに行くことができない。グルメな夫は病気の心配をしているのだが、オヨメサンは美味しいおやつがなくなることを憂えている。

11 パンデミックで途絶えたグルメな夫の心の支え 2020.4.10.

グルメな夫はインドネシアの週刊誌 TEMPO 誌を定期購読している。

2020 年はパンデミックに覆われ、世界の物流が滞ってしまった。
国際郵便でも物品は送れなくなった。
TEMPO 誌（インドネシアの週刊誌）が届かなくなったときのグルメな夫の落胆ぶりは痛々しいものだった。
結局、印刷物は停止の対象ではなかったらしく、TEMPO 誌はまた送られてくるのだが、不定期に数冊ずつまとめて届くようになった。

グルメな夫の生活も一変した。彼は大学でインドネシア語を教えているが、4 月のはじめに大学は臨時休校し、5 月からすべての講義がオンラインで行われることになった。初めてのオンライン授業を 1 か月で準備しなければならない。
グルメな夫のインドネシア文化の授業では、インドネシアのスパイスや料理の匂いを実際に学生たちに嗅いでもらうのが定番だったが、できなくなった。どんなに美味しそうな料理の画像や映像も、匂いまでは伝わらない。

12　ラジオできいたマンゴの切り方が日本的すぎた　2020.4.20.

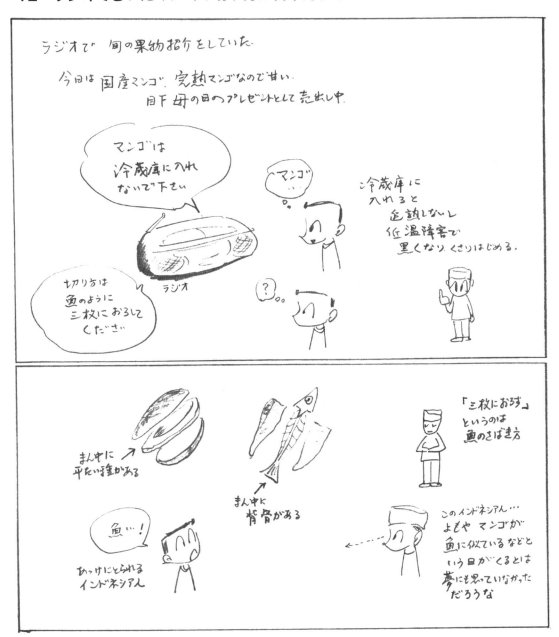

インドネシアはフルーツ王国。グルメな夫にとって日本の何がつらいって、トロピカルフルーツがないこと。いやいや、売っているには売っているのだが、あまりに値段が高くてげんなりするらしい。日本に来て間もなくの頃、オヨメサンがフィリピン産の小さなマンゴを100円で売っていたのを買おうとしたら、グルメな夫はインドネシアの通貨のルピアでいくらになるかすばやく計算して買うのに反対した。確かに、オソロシイ値段なのは間違いない。それに、小さくて皮が黄色だった。グルメな夫によれば、おいしいマンゴは大きくて皮が緑色である。

13 グルメな夫、ニンニクのうんちくを語る 2020.4.26.

滋賀県で暮らすようになって、おいしい水や空気、そして野菜に恵まれるようになった。グルメな夫はおいしいものを見つけるたびに大喜びだ。

タワンマングー（tawangmangu）はソロの東の丘陵地で、あらゆる野菜や果物がとれるという。滝や湖があって避暑地としても知られている。観光客はそこで安い果物を買い求める。私は果物の王様、ドリアンを買って大喜びしたものだ。

インドネシアの法律では、ニンニク100トン輸入する業者は、国内で5トン生産しなくてはならないことになっているという。しかし、ニンニクは栽培が難しいため、生産農家を確保するのが難しいのだそうだ。

14 かぼちゃの微妙な味の違い　2020.6.21.

グルメな夫と暮らしていると、突然のレクチャーに驚くことがある。たいていの場合、微妙な味へのこだわりがないオヨメサンには『豚に真珠』のようなもの。レクチャーは右から左へぬけていく。こだわりがないわりに食いしん坊のオヨメサンは、グルメな夫が料理した絶品かぼちゃをホイホイと食べてしまう。グルメな夫は自分の分を別皿に確保していて、ゆっくり、深く味わいながら食べる。
オヨメサンは考える。『かぼちゃの味が産地によって大きく違うなどと、いったい誰が思うのよ・・・。でも、次から生協で注文するときは産地を確認だわ。』

15　グルメな夫が裁縫をできるわけ　2020.6.27.

グルメな夫は「生きるために家庭科クラブに入った。」と言う。そのような人を他に知らない。家庭科の授業をうけながら何ひとつ身につかなかった人とは人間がちがう。尊敬。

16 味付けのコピペ　2020.7.1.

グルメな夫のオヨメサンは真っ当な料理ができない。
が、手抜き料理はできる。
この日、グルメな夫は「味付けのコピペ」という表現を思いついた。

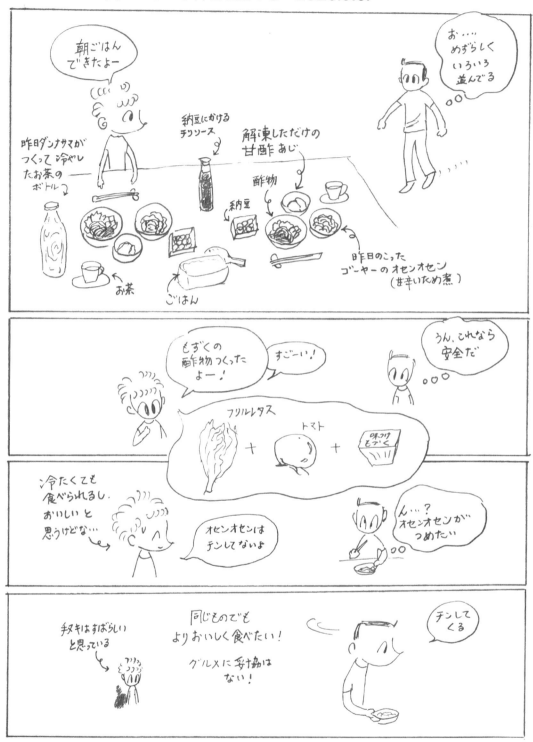

料理に関しては、グルメな夫は決して手を抜かない。手間暇を惜しんでも、後ろめたいどころか自慢するオヨメサンとは、根っこから違う。2人が同居できているのが不思議である。

18 料理ができないオヨメサンの料理とは・・・　2020.11.23.

グルメな夫のオヨメサンが最も苦手とするのが料理の味付け。
彼女が料理をするときは出来合いの調味料を使う。納豆のたれもその一つ。
パンデミックで仕事に追われるグルメな夫にかわって料理をすることが増えたオヨ
メサン。やらかすこともしばしば。

19　ご飯はいくらでも食べられるグルメな夫と
　　　お餅ならいくらでも食べられるオヨメサン 2021.1.16.

グルメな夫はお餅を食べるとおなか一杯で何も食べられなくなる。インドネシアに
ももち米はある。もち米で作ったお菓子もある。なぜ餅は食べられないのか、謎だ。

グルメな夫にとっては、寿司に魚をのせることよりご飯に酢を混ぜるのがカルチャーショックだった。これまで、寿司は食べるが作ることはなかった。しかし、ついに自ら酢飯をつくる日が来た。ここに到るのに29年の日々を要した。

21　グルメな夫のオヨメサンのインドネシア風サラダ　2021.3.24.

このプチュル (pecel 茹で野菜サラダ) 用のピーナツソースは、実は手に入れるのに苦労した。ソロで探したが見つからず、家族にたずねても理解してもらえず、「近所のおいしいプチュル屋さんで分けてもらえるわよ。」と言う。どうやって日本に持っていくのか、そして長期保存するのか、まったく想像できていない。結局外国人がたくさんいるバリ島で見つけて買った。

ソロの市場で売っているピーナツソース

バリ島のミニスーパーで買ったピーナツソース

22　グルメな夫のオヨメサン、チリソースをかけまくる　2021.4.10.

*Edy はグルメな夫の名前

グルメな夫のオヨメサンにとって、タイのチリソースは万能調味料。しかし、グルメな夫は、チリソースは納豆に、チリペーストは焼き魚にのみつける。

23　何でもひと手間かけるグルメな夫の矜持　2021.4.11.

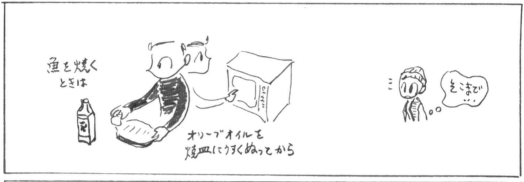

グルメな夫が手間を惜しまないのを見ると、やはりグルメなんだ、と思う。
たまに私に何かつくることを勧める人がいる。この頃はネットを見ればいろいろな
レシピがあるし、「つくってみたら？簡単よ。」と言う。人の気も知らないで、とオ
ヨメサンは思う。「はぁ～、全く作れる気がしない・・・。」

24 グルメな夫、新しいオモチャでパスタをつくる 2021.4.12.

電子レンジで7分チンするだけで美味しいスパゲティができた。速い！
グルメな夫はスパゲティを料理のレパートリーに加えた。

そもそも、グルメな夫がインドネシアから来日して結婚当初に住んだ小さなアパートには、オヨメサンが長年使い込んで底がへこんだアルミ鍋とフライパンくらいの調理道具と、1口のガスコンロしかなかった。
「インドネシアの家族は日本のキッチンはすべて立派だと思っているのに・・・。」
お粥と野菜サラダと冷奴と刺身を食べていたオヨメサンにはそれで十分だったのだが、あまりにみすぼらしい台所にグルメな夫は唖然とした。

やがてグルメな夫はリサイクルショップで電子レンジを買ってきた。
思えば、それが最初の「グルメのおもちゃ」だったのだ。
大津に引っ越してからは、電子レンジで魚が焼ける耐熱陶器皿とか、電子レンジで何でも料理できる鍋とか、電子レンジでご飯が炊ける炊飯鍋とかも買って、電子レンジというおもちゃを使いこなしはじめた。そしてついには、電子レンジでスパゲティもつくりだしたというわけである。

最近キッチンをリフォームしてピカピカの3口ガラストップガスコンロが据え付けられた。今や、キッチンはグルメな夫の城である。

ソロの自宅前でお粥を買うグルメな夫

25　グルメな夫はキッチンにあるすべてのものを覚えている　2021.5.9.

グルメな夫は記憶力がオソロシクいい。小学校の時はノートや鉛筆がなく、石板と石筆を使っていて、消す前に必死に覚えたという。なるほど。
グルメな夫は買い物上手だ。キッチンにあるものの一部は彼がとても安く手に入れたものだ。そして、それをすべて記憶している。

26　美味しく感じるためにグルメな夫がすること　2021.5.9.

グルメな夫にとっては、盛り付けは盛り上げるより平らにするのがよいらしい。
確かに、見た目でおいしいと感じるかどうかは大事だけど・・・。だからといって、
納豆パックの中の納豆を指で押さえつけて平らに広げるのには驚いた。

グルメな夫は何でもすぐに片付ける。食卓の上だけではない。キッチンの洗い物すぐに片付ける。何とも勤勉な、ありがた～い夫である。
夜は寝る前に翌日のご飯やお茶を用意する。勤勉も行きすぎではないかとオヨメサンは思う。『ご飯やお茶を夜作っても明日の朝には冷めていて、電子レンジで温めることになるのに』と。
しかしそういえば、インドネシアではご飯が冷たくならないから、ご飯を温めることはない。お茶も冷まして飲む。そうか、インドネシア的発想だったんだな。

パンデミックで授業がオンラインになって以来、授業準備が壮絶に時間がかかるようになり、今はオンデマンド授業の準備で頭がいっぱいなのだと言う。なんと、グルメな夫がグルメ停止になってしまったのだった。

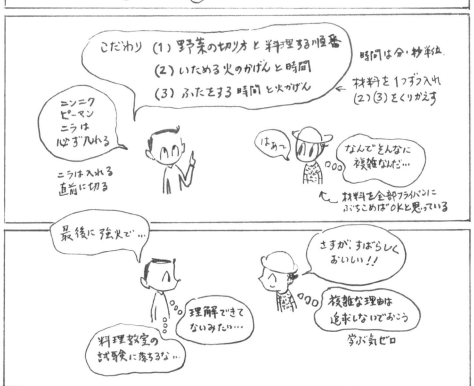

インドネシアのトロピカルフルーツジュース

トマトと豆乳の組み合わせのおいしさを知ったのはインドネシアの空港の中のレストランでのことである。以来、我が家の夏のジュースである。

インドネシアはジュースの種類が豊富で美味しい。
マンゴ、パパイヤ、パイナップル、パッションフルーツなどのトロピカルフルーツはどれも美味しいが、食事の時はパパイヤかパイナップルにする。消化を助けるからである。

ピンクのドラゴンフルーツのジュースは色が鮮やかだ。赤いジュースは何かと思ったら、スイカジュースだった。ジュースを注文すると、砂糖とミルクをいれるか？ときかれて驚く。

一番びっくりしたのはジュースにチョコレートの組み合わせ。パイナップルジュースにはチョコフレークを振りかけ、アボカドジュースはチョコレートソース入り。最初はびびったものの、勇気を出して飲んでみると意外なおいしさである。

インドネシアでジュースを飲むときは、まずアボカドジュースがあるかどうか、店の主人にきく。メニューにあっても「今日はない」といわれることもよくある。だから、アボカドジュースがあるときは、それはそれは幸せだ。（写真左）

ソロのお家の近所のアボカドの木は2階建ての家より高い大木で、実がたわわに実っていた。アボカドの皮は緑色である。

その昔、アボカドを買って、「皮が黒くなるまで待っている」と言ったら、グルメな夫は腰を抜かすほど驚いていた。
「皮が黒くなったら、そりゃ、くさっているってことだよ！」
それですぐに食べることに。そしたら、驚いたのは私の方だった。アボカドをぐちゃぐちゃにつぶして、砂糖をまぜ、濃いコーヒーを混ぜてくれたのである。

グルメな夫にとってメンタルブロックがかかる食物がある。豆腐や卵を生で食べてはいけない（インドネシアでは確実にお腹をこわす）。缶詰は平時には食べない（非常食だから）。アボカドは甘いジュースにする（だから、アボカドのお寿司も食べられない）。刺身も納豆も食べるグルメといえども、まだ越えられない山があるのだ。

15年前はまだ耐熱シリコンウエアが珍しかったので、小さいわりに高い値段だった。
捨てたくなくてずっともっていたら、この頃自分で使うようになった。

インドネシアの卵焼き

インドネシアは卵焼きが美味しい。
インドネシアで食べて美味しかった卵焼きは、ちりめんじゃこ入りの卵焼き。
ホテルで食べた美味しいオムレツには、キノコとパプリカが入っていた。
インドネシアで夜の屋台で売っている卵料理はマルタバッという、きざみネギたっぷりでパリパリの皮で包んだ世界一美味しい卵焼き。
グルメな夫が好きな卵料理はマルタバッ風にネギを入れた卵焼き。
オヨメサンは、「できればネギもちりめんじゃこも入れたい。」

インドネシアの夜食マルタバッ（Martabak 包み卵焼き）

インドネシアの人々は宵っ張りである。伝統的には、日中の暑い時間帯は昼寝をして過ごし、夕方にシャワーをして街に遊びに出る。だから、夜食を売る屋台もたくさんある。
我が家の夜食はたいてい近所で買うマルタバッ（Martabak 巨大な卵焼き）である。
マルタバッを売る屋台は、通常夜に営業していて、テイクアウトで家に持ち帰る。
強力小麦粉を練った生地をまな板にたたきつけながらものすごく薄く大きく伸ばし、たっぷり油をひいた大きな鉄板の上に広げる。細かくきざんだ葱をたくさん入れた溶き卵（2 個ぶん！）を生地の真ん中に流し、固まりかけたところで生地を四角く折りたたんで卵を包む。裏返して均等に焼いてできあがり。胡椒がきいていて、サクサクとして最高においしい。

ソロの我家の近所のマルタバッ屋さん

箱入りマルタバッと袋入り酢漬け野菜

32　下ごしらえは常識と思っているグルメな夫　2021.7.21.

※ガムラン（gamelan）：インドネシアの伝統音楽

冷凍のインゲンとはちがって、インドネシアと同じ野菜臭いササゲに、グルメな夫は料理意欲を燃やしてくれた。・・・のはいいが、ずいぶん時間がかかった。

33　グルメな夫の昭和な料理　2021.9.5.

グルメな夫は、同年代の人というより親世代の人だと感じることがある。例えば、物が捨てられないというのもそうだ。料理の味付けも母や祖母の味に近い。母は砂糖をたっぷり使っていたし、祖母は醤油味が濃かった。グルメな夫が日本料理をつくるとまるで同じである。

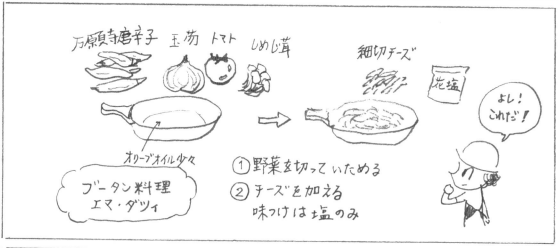

私は料理ができないオヨメサンである。女子力の低さは折り紙付きだ。
たまに私が料理をしても、グルメな夫の舌の基準に合うことはまずない。

しかし、ひとつだけ大丈夫な料理があることに気づいたのは、与那国島で買ってきた花塩のことを夫に話している時だった。
「与那国島の塩って、東京の有名レストランのシェフが買いに来るほどおいしい塩なんだって。」
その時、塩だけで味付けをするブータン料理、エマ・ダツィのことを思い出したのだ。

グルメな夫と一緒にブータンを訪れたとき、旅行会社に頼んでプライベートな料理教室を日程に入れてもらった。その時習った料理のひとつがブータンの代表的な料理、エマ・ダツィである。「エマ」は唐辛子、「ダツィ」はチーズ。真っ赤な唐辛子がブータンの伝統家屋の屋根に干されている風景とともに、ブータンの一番の思い出になっている。

ブータンではガイドさんとドライバーさんがコンビで旅行客の面倒をみてくれる。私がエマ・ダツィが好きだと言うことに気づいたガイドさんは、ある日の昼食にエマ・ダツィをわざわざ出してくれた。実はその日の旅行客のランチのメニューにエマ・ダツィは入っていなかったのに、自分たちの食事のエマ・ダツィをわけてくれたのだ。

ブータンのレストランでガイドさん、ドライバーさんと一緒に昼食 (2019.9.5)

「お客さんが幸せであることが大事なことだから。」
ガイドさんが言ったのは、GNP（国民総生産）ではなくGNH（国民幸福量）の増大を国是として掲げるブータン人らしい言葉だった。

ブータン人が好むエマ・ダツィは激辛だ。グルメな夫の弱点はインドネシア人のイメージに反して辛い物が食べられないこと。グルメな夫をしり目に、私はひとりブータン料理を堪能したものである。

ブータンのエマダツィ　　　　　　　　　その日の昼食のおかずを全部お皿に盛ったところ

エマ・ダツィは作り方が簡単で、私でも作れる稀有の料理である。
料理を教えてくださったのは、ブータン人と結婚してブータンに住んでいるマサコさんである。彼女によれば、キノコを入れるとおいしくなるとか。ブータンはキノコ王国で、おいしいキノコに事欠かない。日本ではしめじ茸が合うと教えてくださった。野菜やキノコから水分がでるので、料理の際に水を加える必要がなく、チーズを絡めると濃厚なおいしさになる。チーズはとろけるチーズではなく、ふつうのチーズがよい、と、これもマサコさんから教わった。

日本でエマ・ダツィを料理するときは激辛の唐辛子ではなく、甘長唐辛子や万願寺唐辛子を使うので、辛いものがダメな夫も食べられる。味付けは塩だけだから、野菜から水分が出るように最小限の塩だけを加え、ほぼ味付けしない状態で食卓に出し、食べる人が自分で塩味を足せばよいのだ。

かくして、グルメな夫にだす究極のブータン料理、エマ・ダツィが食卓に登場したのである。

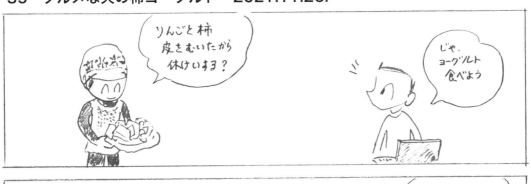

＊牛乳が飲めないグルメな夫は生乳ヨーグルトがダメで、寒天と乳製品で作ったヨーグルトを食べている。

36　私の料理は私のもの、グルメな夫の料理も私のもの　2021.12.5.

＊テンペはインドネシアの大豆発酵食品、タフは豆腐、バッチャムは甘辛煮込み
「妻のものは妻のもの、夫のものも妻もの。」これが我が家のリアルである。
だから、グルメな夫のありがたさは筆舌に尽くしがたい。

37 ストレスがあると料理をやりだすグルメな夫 2021.12.5.

＊Edy はグルメな夫の名前　＊タフ・バッチャム tafu bacem は豆腐の甘辛煮込み

Edy の Tahu & Tempe Bacem（豆腐とテンペの甘辛煮込み）

材料：豆腐 400g、テンペ 250g、水 400cc、オリーブオイル少々
香辛料＆調味料：bawang putih（ニンニク）2かけ、bawang merah（赤ニンニク）3かけ、lenguas（ガランガー）1かけ、daun salam（サラムの葉、ない時はローレル）1枚、kecap manis（インドネシアの甘醤油）30〜60cc、黒砂糖少々、塩少々、コリアンダー少々

① コリアンダーとニンニクと赤ニンニクをすりつぶし、塩を加え、オリーブオイルで炒める
② 豆腐、テンペ、水、ガランガー、サラムの葉、黒砂糖を入れて中火で 15 分くらい煮る
③ しばらく（1〜8時間）おく
④ 甘醤油を入れ、追加で 5 分くらい煮る

インドネシアにいる時は、豆腐 (tahu) とテンペ (tempe インドネシアの大豆発酵食品) をよく食べる。町の食堂でご飯を食べるときは、肉ではなく豆腐やテンペを選べば、体にもお財布にもやさしい。
インドネシアの豆腐は日本の豆腐と違ってみがしまって固いので、煮崩れしない。大豆発酵食品のテンペは納豆とはまるで違っていて、臭みも糸ひきもない。それらを甘辛く煮詰めたタフ・バッチャム (tahu bacem)、テンペ・バッチャム (tempe bacem) が大好きだ。インドネシアではココナッツミルクを入れて煮込む。手間と時間がかかる料理で、これが作れる義姉は家族の中でも料理の達人とみなされている。唯一の欠点は日持ちしないことだ。インドネシアの我が家には冷蔵庫がないので、その日のうちに食べないと腐ってしまう。

新型コロナウィルスのパンデミックのために、インドネシアに行くことができない。
今度インドネシアに行けるのはいつになるのだろうか・・・。

滋賀県大津市でインドネシア人のルストノさんがつくっているテンペ

38 グルメな夫は干柿を愛す 2022.1.4.

グルメな夫は富山の干柿を気に入っている。しかし、COVID19のせいで遠出できなくなり、他の干柿を買った。干柿はグルメな夫にとって完全無欠な食べ物だ。

40　グルメな夫、ブラックタイガーを救う　2022.1.7.

インドネシアでは海老の養殖が盛んだが、大きく立派なエビは輸出され、インドネシアの庶民の食卓に並ぶことはない。グルメな夫は初めてブラックタイガーを食べた。

41 グルメな夫とオヨメサンが大根を買うわけ　2022.1.21.

＊「よごし」は富山県で大根葉の料理をさす言葉

グルメな夫つくったおでんは味がしみこむのを待つため、食べるのは翌日である。
グルメな夫のおでん、とりわけ大根はシャリシャリした食感ととろける柔らかさの
両方がうまい具合に釣り合って、最高においしい。

自慢ではないが、オヨメサンはおでんを作ったことがない。そもそも鍋料理をした
ことがない。グルメな夫がおでんを作るのは、よそで食べて味を覚えてきたから。

レストランで食事をしたとき、グルメな夫は「これなら自分でつくれる。」
などと言う。料理オンチには絶対不可能な技だ。
だから、レストランに行くのはグルメな夫にちゃんとした料理を覚えてもらうため。
刺激をうけたグルメな夫はこう思う。
「自分で料理しないと、グルメの名がすたる・・・！」

ソロの中心にある市場

42　グルメな夫の盛り付け　2022.2.2.

＊オラッアレッ (orak arik 人参の卵とじ)、オセンオセン (oseng oseng 野菜の炒め煮) はどちら
もインドネシアの家庭料理。

「オラッアレッ orak arik」は人参と卵が主材料。グルメな夫のオハコ料理だ。

盛り付けが皿全面に平らなのを見て、「まったく・・・アートじゃないよ・・・。」
つぶやく私に、グルメな夫の声。
「たくさんあるように見えることが大事なんだよ。」

10年以上前のことだが、グルメな夫は、大津で開かれた学会でインドネシアからの
参加者たちと一緒にホテルに泊まった。
夕食には立派な会席料理が出されたが、インドネシアからの参加者たちは
「こんなに少しだけ・・・？」
皿の中央にちょこんとのっている料理に落胆したのだという。

インドネシアでは、料理が皿の真ん中にだけあるとケチ臭いとされるのである。

インドネシアの家庭料理　オラッアレッ orak arik

材料：短冊に切った人参、
　　　冷凍むきえび、
　　　細切りの薄揚げ、
　　　セロリ、ネギ、しめじ、
　　　溶き卵

香辛料・調味料：醤油、味醂、
　　　塩、コショウ、ニンニク、
　　　きざんだ生姜少々、
　　　ケチャップマニス
　　　（インドネシアの甘醤油）

①　　　フライパンにオリーブオイルを入れて熱し、ニンニク、生姜、エビを炒める
②　　　人参と少量の水を入れ、人参が柔らかくなるまでふたをして蒸し煮する
③　　　溶き卵をつくり、醤油、味醂で少し味をつけておく
④　　　セロリ、ネギ、しめじ、薄揚げを入れて炒め、味付けをする
⑤　　　溶き卵をいれ、ふたをして約2分蒸し煮する

43　グルメな夫、まな板を買う　2022.2.23.

44　グルメな夫のオヨメサン、魚を解凍する　2022.2.28.

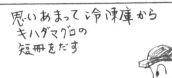

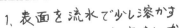

思いあまって冷凍庫から
キハダマグロの
短冊をだす

1．表面を流水で少し溶かす
2．キッチンペーパーで水気をしっかりとる
3．チルドでしばらく解凍する
4．半解凍の短冊をスライスする
5．昆布にはさむ
6．ラップに包んでチルドに入れる

包袋に書かれたとおりにしても
解凍はむずかしい.

大丈夫、
昆布〆にすれば
食べられるはず

大変だね
めんどうくさくて
ボクにはでき
そうにないよ

キハダマグロの
短冊を買った本人が
言うか……

おいしい
昆布〆のためなら
えんやこら.

(昆布〆のための
昆布は富山県で
まとめ買い！)

マニュアルどうりに
やるだけだから
まかせてど安心だ

刺身を
食べよう！

グルメな夫でも
めんどうくさい時が
あるのね…

グルメな夫は刺身が好きで、冷凍のマグロを買ってマグロ丼にして食べている。富山県出身のオヨメサンはキトキト（富山弁で「新鮮な」）の刺身以外は昆布〆にする。

45 グルメな夫、クミンに踊らず 2022.4.13.

オヨメサンは、インドに行ったときクミンシードをかじって食べていた。香りもよくて気に入っていたが、日本に帰るとせっかくもらったクミンシードをもてあました。

＊「よごし」は富山県で大根葉の料理をさす言葉

2019 年に双子の姉と一緒にインドのゴアに行ったとき、姉からクミンシードを入れた皿を渡された。「そのまま食べるの・・・？」
「スパイシーなインドのローカルフードを食べ続けると、お腹をこわすからね。」
ゴアには醤油がなくて味付けの主体がスパイス。実際、姉が初めてゴアに行ったときは、1週間でお腹をこわしたのだそうだ。だから、消化促進効果があるクミンシードを食べるようにアドバイスしたのである。クミンシードはインド料理に欠かせないスパイスだから、毒をもって毒を制すである。びっくりしたものの、クミンシードは意外においしくて、部屋で時々クミンシードをそのままバリバリ食べていた。

クミンシードをインドネシア料理にも使うのかとグルメな夫にきいてみた。
「もちろん使うよ。オポール（鶏肉のココナッツミルク煮込み）に入れるよ。」
なくても大丈夫だが、クミンを入れると香りが違うのだと言う。
しかし、インドネシアでクミンシードをたっぷり使った味にはまだ出会っていない。

ゴアで最高においしかったグリーンチャツネ。ゴアで食べたたくさんのご馳走から1つだけ食べられると言われたらこれを選ぶ。もちろんクミンだけでなくいろいろ混ぜる。グリーンなのはコリアンダーの葉を入れるから。（入れないものはココナッツチャツネと呼ばれる。）

グリーンチャツネの材料
・ココナッツをダイス状に切ったもの diced coconut
・赤玉ねぎ red onion、ニンニクのみじん切り garlic
・香菜（コリアンダーの葉）たくさん coriander
・生姜の薄切り少々 ginger
・タマリンド tamarind
・クミンシード cumin seeds
・ターメリックの粉 turmeric
・グリーンチリひとかけ green chili
・塩 salt

これらをブレンダー入れてペースト状にする

ブレンダーにかける前の
グリーンチャツネ

バナナの葉にのせたカラフルなゴアの朝食：
・白いドサ dosa（南インドの発酵クレープ）
・黄色のジャガイモのバジ bhaji
（カレー味の和え物）
・赤アマランサスの葉の炒め煮
・グリーンチャツネ Green chutney
・オレンジ色のパパイヤ

46 グルメな夫、富山の鯛のかまぼこを食す 2022.4.15.

富山は細工蒲鉾の産地。お祭りや冠婚葬祭の引き出物に欠かせないものだが、近年は小型化している。それでも、お祝いには鯛の蒲鉾というのが富山県人だ。

47　グルメな夫のスパゲティ・チャンプール　2022.4.22.

※ナシ・チャンプール nasi campur は平皿にご飯といろいろなおかずをのせたもの

インドネシア人が皿にのっているものをすべて混ぜて食べるのは本当である。ソロ（正式名スラカルタ）でよく行く食堂では、皿にご飯を盛り、その周りや上に数種類のおかずをのせて食べる。日本人の私はおかずをそれぞれ味わって食べるが、グルメな夫はご飯とおかずを豪快に混ぜて食べる。他のインドネシア人も同様だ。
オヨメサンは、『オセンオセン（野菜の炒め煮）とスパゲティは別々に食べたい』と思うのだが、グルメな夫は、『混ぜて食べるのが美味しい』と思っている。

グルメな夫にとって、おいしいご飯でないご飯はご飯ではない。
おにぎりは「グルメのおいしいご飯」の範疇に入っていないらしく、外出先でしか
食べない。私がおにぎりを作っていると、どこかに出かけると思うらしい。

グルメな夫にとっては、なんと、世間様で売っている出来合いのご飯さえも、「おい
しいご飯」の範疇に入っていなかった。いわく、
「自分で炊いたご飯の方がおいしい。」
なんという自信！これこそグルメの真骨頂だろう。

グルメな夫は白米、玄米、雑穀をブレンドし、それに合わせて水加減をして 30 分お
いた後、愛用の電子レンジ専用炊飯器でご飯を炊く。

グルメな夫はインドネシアでもこんなご飯を炊いていたわけではない。
お米も違う上に、インドネシアのご飯は「湯取り方式」で炊く。
たくさんの水でご飯を炊き、途中で水分を捨て、それから蒸し上げる方法だ。

今でこそインドネシアでも日本製の電気炊飯器が人気だが、グルメな夫は日本に来
てから電気炊飯器を使い始めた。
ご飯がまともに炊けないオヨメサンにきくこともできず、おいしいご飯を炊くため
にずいぶん試行錯誤したことだろう。
そして、数年前に電子レンジで炊くご飯にいきついた。

グルメな夫のおいしいご飯は三十年もの経験の集大成である。

*インドネシアでは豆腐を生で食べることはない

51　グルメな夫は生姜ドリンクで夏バテ解消　2022.7.8.

＊ STMJ（エステーエムジェー）：インドネシアの有名なインスタントの粉末の栄養ドリンク

３０年前の８月末、グルメな夫は赤道直下の国インドネシアから日本にやって来て、あまりの暑さに倒れて寝込んでしまった。日本の蒸し暑い夏は過酷だ。

インドネシアは熱帯の国だが、グルメな夫のふるさとはジャワ島の内陸にあり、「熱帯夜」などというものはない。日差しが強くて日中は 30℃をこすが、朝晩は 20℃くらいに冷えこむ。家屋は風通しがよく、普通の家にエアコンはない。木綿のシャツを着てすごし、汗はすぐにかわく。炎天下を走ったりすることはなく、木陰で甘いお茶をすすりながら休む。

日本ではスーツを着て仕事に行き、汗はたらたらと流れ、帰るころにはぐったり。グルメな夫はたちまち夏バテである。インドネシアなら滋養強壮に効く飲み物が百花繚乱に存在するのだが、日本ではそうはいかない。

しかし、その中で STMJ（エステーエムジェー）は主材料がシンプルで日本でも手に入りやすい。STMJ はインドネシアでは誰でも知っているインスタントの栄養ドリンク。粉末をお湯で溶かして飲む。Ｓは牛乳 (SUSU)、Ｔは卵 (TELUR)（生卵の黄身）、Ｍは蜂蜜 (MADU)、Ｊは生姜 (JAHE) を指している。

新生姜のはちみつ漬けに牛乳を混ぜると STMJ のような味になる。
残念なことに、グルメな夫は生乳が飲めない体質である。
そこで牛乳の代わりに豆乳を入れて、これも STMJ だと称して飲んでいる。

グルメな夫が日本の厳しい気候に負けずに長生きできますように！

インドネシアの生姜ドリンク色々：左上は生姜入りコーヒー。意外な組み合わせだが、予想を裏切って大変おいしい。左下は STMJ のチョコ味。インドネシアでは何でもチョコ味がある。

* Semudah membalik tangan：手のひらを反すのと同じくらい容易だ、「お茶の子さいさい」の意

ことほど左様に、グルメな夫とオヨメサンの落差は永遠に縮まりそうにないことが
証明される事態が繰り返される。

56　グルメな夫のサバ缶カレー　2022.9.19.

オヨメサンの双子の姉はインド風カレーが作れる。魚のカレーを作っているのを見て羨ましいと思ったオヨメサンが教えてもらったのがサバ缶カレーだ。

57 古いトースターを使いこなすグルメな夫 2022.9.23.

ご飯を炊くのも、パンを焼くのもグルメな夫である。
実は、日本に来た頃、グルメな夫はオヨメサンが米を研がずに炊くのをみて、なんて面倒くさがりなんだろうと思っていた。それを最近になって話したので、オヨメサンが
「お米の研ぎ方を知らなかったから、研がずにご飯を炊いてたの。」
グルメな夫は「え、まさか、そうだったの？」とびっくり。
「滋賀県に引っ越してから無洗米を買うようになったのはそのせいだったんだね！」

『話を聞かない男と地図が読めない女』という本がある。我が家では、「地図が読めない夫と話をきかないオヨメサン」という図式になる。世間様の平均からズレたあべこべ夫婦である。さらに、料理ができるのは夫で、オヨメサンはできないのだから、悲喜こもごものドタバタが今日も繰り広げられる。

でも、たぐいまれなグルメな夫には感謝しかない。

グルメな夫：Edy Priyono（エディ プリヨノ）
　インドネシア中部ジャワ州スラカルタ市出身。京都産業大学客員教授。料理が趣味。

グルメな夫のオヨメサン：棚橋慶恵（タナハシトシエ）
　富山県小矢部市出身。ジャワのガムラン音楽（伝統音楽）に出会い、インドネシアに通う。最近水彩画を始めた。アジアドラマにハマっていて、つい夜更かしをする日々を送っている。

ロンボク島で買った素焼きの皿

グルメな夫と
料理ができないオヨメサンの
愉快な暮らし

２０２４年６月１日発行
著者・・・・・・・・棚橋慶恵（タナハシトシエ）
© 2024 Tanahashi Toshie
発行・・・・・・・・・三学出版
〒 520-0835 滋賀県大津市別保 3-3-57　別保ビル３階
TEL.077-536-5403　https://sangakusyuppan.com/
印刷・製本・・・・・・株式会社ファインワークス

PERCAKAPAN BAHASA INDONESIA BERPASANGAN

ペアワークで学ぶ
インドネシア語会話

EDY PRIYONO　エディ・プリヨノ

ⅲ 三学出版

インドネシア語を学び始めてからしばらくたって「もっとインドネシア語会話ができるようになりたい」と思った学習者のために、来日30年のグルメな夫が、日本でインドネシア語を教えた経験とノウハウをつめこんだインドネシア語会話教本。イラストつきでわかりやすい書き込み式。家族について尋ねる、友人と遊びに行く、旅行の予約をする、不動産屋さんでアパートを捜す、映画について話す、結婚式に招待されるなど、様々な場面で「インドネシア人ならこんな風に会話する」という会話が平易な単語や表現で26場面収められています。未完成の会話を自分で考えて完成させ、練習するうちに、自然なインドネシア語会話のスキルが身につきます。ところどころ単語のヒントもついています。スマートフォンをつかったアクティヴラーニングを実現する授業のための教科書として使えるよう、アクティビティーが構成されています。前半と後半それぞれに5ページと8ページの練習問題がついています。

ISBN 978-4-908877-51-3　定価 2,000 円（税抜）